Online-Handel zu Zeiten von Covid-19 im Vergleich zum stationären Handel. Chancen und Risiken

Max Kremnitz

GRIN

Bibliografische Information der Deutschen Nationalbibliothek:

Die Deutsche Nationalbibliothek verzeichnet diese Publikation in der Deutschen Nationalbibliografie; detaillierte bibliografische Daten sind im Internet über http://dnb.d-nb.de abrufbar.

ISBN: 9783346402066
Dieses Buch ist auch als E-Book erhältlich.

Nymphenburger Straße 86
80636 München

Druck und Bindung: Books on Demand GmbH, Norderstedt Germany
Gedruckt auf säurefreiem Papier aus verantwortungsvollen Quellen

Das Buch bei GRIN: https://www.grin.com/document/1010508

Hochschule für angewandtes Management-Campus Berlin

Fachbereich: Wirtschaftspsychologie

Wintersemester 2020/2021

Teilmodul: Marktforschung

Chancen und Risiken des Online-Handels im Vergleich zum stationären Handel zu Zeiten der Covid-19 Viruspandemie

von Max Kremnitz

Tag der Einreichung:

14.03.2021

I. Inhaltsverzeichnis

II. Abbildungsverzeichnis

III. Anhangsverzeichnis

1. Abstract

Deutsch:

Diese Studienarbeit untersucht die Chancen und Risiken des E-Commerce zur aktuellen Covid-19 Viruspandemie im Verhältnis zum stationären Handel. Dafür wird eine zum Teil selbsterhobene empirisch quantitative Studie aus zwei Befragungen ausgewertet und mit einer Forschungsfrage inklusive drei Hypothesen theoretisch abgeglichen. Eine dieser aus der wissenschaftlichen Literatur abgeleiteten Hypothese konnte belegt werden, was zum einen die Aussage zulässt, dass sich Konsumenten vorrangig online über Produkte und Dienstleistung vor oder während eines Kaufentscheidungsprozesses informieren. Andererseits kann durch die Belegung der Hypothese auch angenommen werden das die Unternehmen auch ihr Marketing dementsprechend online ausrichten. Die anderen zwei Hypothesen müssen leider verworfen werden und dienen als Appell an die künftige Forschung im Hinblick auf die sogenannten Multi-Channel-Unternehmen. Überprüft werden diese Hypothesen mithilfe von einer Händlerbefragung und einer Konsumentenbefragung, welche sich beide auf den Standort Ismaning im Bundesland Bayern (Deutschland) beziehen. Es handelt sich also um eine quantitative empirische Studie, welche sowohl den E-Commerce als auch die aktuelle Viruspandemie einbezieht, untersucht und kritisch hinterfragt.

Englisch:

This student research project analyses the chances and risks of E-commerce compared totraditional business during the Covid-19 pandemic. Partially self-collected data of two surveys for an empirical, quantitative study will be evaluated and compared theoretically toa research question, which includes three hypotheses. Derived from scientific literature, one hypothesis was proven, leading to the statement that consumers preferably inform themselves online about products and services before and during the process of purchase decision. Contrariwise, the proof of the hypothesis could also mean, that companies align their online marketing. The other two hypotheses were proven wrong and therefore call on future research about so called multi-channel companies. The hypotheses are reviewed with a survey of traders and consumers, both referring to the town Ismaning (Bavaria/Germany). In conclusion, the study is empirical and quantitative and also includes, analyses and critically questions E-commerce and the current virus-pandemic.

2. Einleitung

Die Digitalisierung hat sich ihren Weg in alle Lebensbereiche gebahnt. Auch der Handel bleibt davon nicht unberührt. Aufgrund dessen beschäftigt sich diese Studienarbeit zum einen mit den Chancen und Risiken für den Electronic Commerce, welcher durch die Globalisierung in den Grundzügen entstanden ist und nahezu auf jedes Unternehmen einen starken Innovationsdruck ausübt. Da der Handel sich also in einem stetigen Wandel befindet oder größer betrachtet die Welt sich momentan in einer Umstrukturierung, durch die Globalisierung und auch die Covid-19 Viruspandemie, befindet, gewinnt die Digitalisierung und somit auch das sogenannte E-Business immer mehr an Bedeutung. Das wiederum wirkt sich besonders auf den stationären Handel aus, da dieser durch die steigende Popularität des E-Commerce immer weiter in den Hintergrund gerät. Diese Auswirkung resultiert mitunter daraus, dass die heutige Wirtschaft und Gesellschaft zunehmend durch das Internet und insbesondere durch die darin enthaltenden neuen Informations- sowie Kommunikationsquellen geprägt werden. In Folge dessen entstanden und entstehen immer neue Geschäftsmodelle und Absatzwege für Händler. Auch die Online-Shops sind Ergebnisse dieser Entwicklung, in denen inzwischen alle erdenklichen Produkte oder Dienstleistungen erworben werden können (Knoppe & Wild, 2018, S. 41ff.; Ternès et al., 2015, S. 13ff.).

Die hier vorliegende Studienarbeit befasst sich also zum anderen auch mit der Entwicklung des stationären Handels im Zeitalter des Electronic Commerce. Das Ziel der Arbeit ist es den Online Handel als auch den Offline Handel und seine Entwicklung näher darzustellen, zu erläutern und kritisch zu analysieren. Ferner soll die Thematik, nach der ausführlichen Erörterung inklusive Hypothesenbildung, durch eine statistische Datenanalyse und Datenauswertung in Verbindung gesetzt werden. Diese empirische Untersuchung wurde vor dem Erstellen der Literatur in Form einer Händlerbefragung und Konsumentenbefragung, mit einem lokalen Bezug auf die Stadt Ismaning, durchgeführt. Abgerundet wird die Arbeit dann mit einer kritischen Stellungnahme beziehungsweise Gegenüberstellung der Thematik und einem Ausblick für künftige Marktforschungsprojekte oder Marktforschungserhebungen.

3. Theoretischer Hintergrund

In den folgenden Textabschnitten werden die allgemeintheoretischen Grundlagen über den Electric Commerce sowie den stationären Handel detailliert beschrieben und anschließend mit den daraus entstehenden Praxisproblemen in Beziehung gesetzt. Im Nachgang wird dann das Augenmerk auf den aktuellen Forschungsstand gelegt, woraus sich letzten Endes die Forschungsfragestellungen, für die weiterführende empirische Untersuchung, ableiten lassen.

3.1. Allgemeines zur Theorie

Um zu verstehen welche Chancen und Risiken der Online-Handel im Vergleich zum stationären Handel bietet, müssen zunächst die zwei Begrifflichkeiten klar voneinander abgegrenzt werden. Onlinehandel wird oft als Synonym für den Internethandel und den Electronic Commerce (kurz E-Commerce) eingesetzt. E-Commerce wird generell als die elektronische Abwicklung von Geschäftsprozessen in einem Netzwerk definiert (Egeli, 2016, S. 6). Im Alltagsgeschäft wird somit das Kaufen, Verkaufen sowie das Werben mithilfe von Mobile Devices (Smartphones, Tablets, …) ermöglicht (Wannenwetsch & Nicolai, 2004, S. 168ff.). Unter anderem beinhaltet E-Commerce den Austausch von Informationen zwischen Anbieter und Kunden, um einen bestmöglichen Kundenservice zu ermöglichen (Frischmuth et al., 2001, S. 82). Oft werden in der Praxis auch die Begriffe E-Business, E-Commerce und E-Procurement gleichgestellt. Es macht jedoch Sinn auch diese Begrifflichkeiten voneinander abzugrenzen. E-Business steht als Oberbegriff für alle Geschäftsprozesse, die in einem Unternehmen digital im Internet oder Intranet abgewickelt werden (Kollmann, 2019, S. 20ff.). E-Commerce beschreibt als Unterbegriff, welcher auch oft in der Praxis als Synonym für E-Business benutzt wird, denn wie schon zuvor definierten elektronischen Ablauf des Kaufens und Verkaufens, der Werbung, des Kundenservices und des Zahlungsverkehrs zwischen Kunden und Lieferanten (Kirn, 2002, S. 11). E-Procurement sind elektronische Prozesse zur Beschaffung, Verwaltung und Abrechnung sowie Administration (Landeka, 2002, S. 33ff.). Der stationäre Handel oder auch Point of Sale (POS) genannt ist der Handel von einem festen Platz in Form des sogenannten „Hol-Prinzips", welches in jedem Fall eine physische Anwesenheit des Kunden oder eines Vertreters erfordert. Der Kunde muss die Verkaufsstätte also aufsuchen um an die Ware zu gelangen. Zudem ist die Entwicklung des stationären Handels zeitlich schwer einzuordnen, da der Handel schon immer ein Bestandteil der Menschheit war. Unter dem heutigen Begriff des Handels versteht man den An- und Verkauf von Waren über verschiedene Distributionskanäle, wie beispielsweise dem stationären Geschäft, aber auch dem Internet, wenn es mit einer physischen

Anwesenheitsverpflichtung verknüpft ist. Ein Beispiel für den stationären Handel mithilfe des Internets ist das Prinzip Click & Collect (Gaxsys GmbH, 2019, S. 1).

3.2. Analyse der kunden- und unternehmensbezogenen Problemstellung

Den klassischen Handel gibt es schon seit tausenden von Jahren und er war bis in den 90er Jahren konkurrenzlos beziehungsweise wurde dieser lediglich mit dem sogenannten Kataloghandel ab 1900 erweitert. In den 90er Jahren kam also durch die rasche Ausbreitung des Internets in jedem Haushalt ein weiterer Vertriebskanal hinzu, wodurch der Absatzkanal des Onlinehandels entstand. Rückblickend auf die letzten zehn Jahre wurde dieser Onlinehandel immer präsenter als auch größer und dementsprechend zu einer realen Konkurrenz für den stationären Einzelhandel. Dies ist grundsätzlich begründet durch die rasante Weiterentwicklung der Kommunikations- und Computertechnik der letzten Jahre, welche unter anderen dem Konsumenten immer mehr Sicherheiten, Wohlbefinden, Auswahlmöglichkeiten, Preisvorteile, Bequemlichkeit und Zeiteinsparungen ermöglichen (Dach, 2002, S. 34; Schuckel & Toporowski, 2007, S. 180–189). Die Folgen davon sind heutzutage gerade in kleinen bis mittelgroßen Städten nachvollziehbar. Immer mehr kleine Einzelhändler müssen ihr Geschäft aufgeben, wenn sie es nicht rechtzeitig geschafft haben/schaffen auf den digitalen Zug aufspringen. Doch was genau sind alles die Gründe warum E-Commerce in der heutigen Zeit so viele Vorteile im Vergleich zum stationären Handel bietet? Ein Grund dafür ist beispielsweise die gesellschaftliche Bedeutung von E-Commerce. Hierzu zählt die Schaffung neuer Arbeitsplätze in den Bereichen Logistik, Digitalisierung und Kundenservice (Kollmann, 2019, S. 39). Des Weiteren spielen auch die Transaktionskosten beim Onlinehandel eine entscheidende Rolle. Der elektronische Handel reduziert die Transaktionskosten bei allen Geschäftspartnern erheblich, da beispielsweise die Koordination der unterschiedlichen Unternehmensbereiche massivst erleichtert wird und so Freiraum für neue Geschäftsmodelle entsteht (Thommen et al., 2017, S. 93ff.). Zudem entsteht im ökologischen Bereich eine gravierende Verbesserung, da eine Schadstoffverringerung durch Bündelung der logistischen Warenverkehre unnötige Wege einspart. Diese Verringerung entsteht auch unter anderen durch den abnehmenden Autoverkehr der Kunden zu den stationären Händlern (Deuringer, 2000, S. 38ff.). Zu alledem haben die Unternehmen mit E-Commerce die Chance, ihre Waren oder Dienstleistungen weltweit zu präsentieren und zu vermarkten, da ein Onlineshop oder eine Internetpräsenz auf der ganzen Welt abrufbar ist. Dieser Bedeutungsverlust von geografischer Entfernung ist einer der größten Vorteile für Unternehmen, um die Chancen auf eine Gewinn- und Unternehmenswertsteigerung zu erhöhen. Andererseits sind diese Chancen und Vorteile zeitgleich der langsame Tod für den reinen stationären

Handel (Fantapie Altobelli & Sander, 2018, S. 57ff.; Nüttgens & Scheer, 1999, S. 303). Allerdings hat auch der Internethandel nicht nur positive Aspekte zu verantworten. Ein negativer Punkt des dem Onlinehandels ist beispielsweise das der soziale Kontakt zu anderen Menschen fehlt (Mattmüller, 2010, S. 18ff.). Weiterhin spielt der Datenschutz in der heutigen Zeit eine sehr wichtige Rolle. Dieses bedeutet, dass viele Kunden den Onlinehandel meiden, da sie schon einmal schlechte Erfahrungen hinsichtlich Datenklau und unseriöser Anbieter auf dem Markt gemacht haben. Dies passiert unter anderen dann, wenn die Daten ohne Einwilligung und juristisch Rechtmäßigkeit an Dritte weiterverkauft/weitergegeben werden (Bettina Beutler, 2018, S. 1; Opuchlik, 2005, S. 127). Ein weiteres Risiko im Onlinehandel ist die Anonymität, da sich die sogenannte Cyberkriminalität (Cybercrime) im Netz synchron mit den positiven Effekten des World Wide Webs ausbreitet/mitentwickelt (Peters, 2010, S. 165). Auch das Thema Commerce ist eines der größten Risiken im Internethandel. Trotz der vielen Zahlungsmethoden, die neben den klassischen Methoden angeboten werden, ist das Misstrauen bei der Mehrheit der Käufer immer noch sehr hoch (Wien, 2008, S. 142ff.). Zu alledem ist das Wegfallen zahlreicher klassischer Arbeitsplätze im Handel ein weiterer Nachteil. Es ist zwar möglich, sich genau wie auch Digitalisierung sich immer wieder neu anzupassen, jedoch geht ein damit verbundener Zwang für viele Arbeitnehmer, sich fortzubilden oder Umschulungen vorzunehmen, einher (Kollmann, 2019, S. 39ff.).

3.3. Aktueller Forschungsstand

In den letzten Jahren bis heute steigt der Umsatz vorrangig bei den Onlinehändlern. Sehr gut wird dies ersichtlich bei dem folgenden Balkendiagramm.

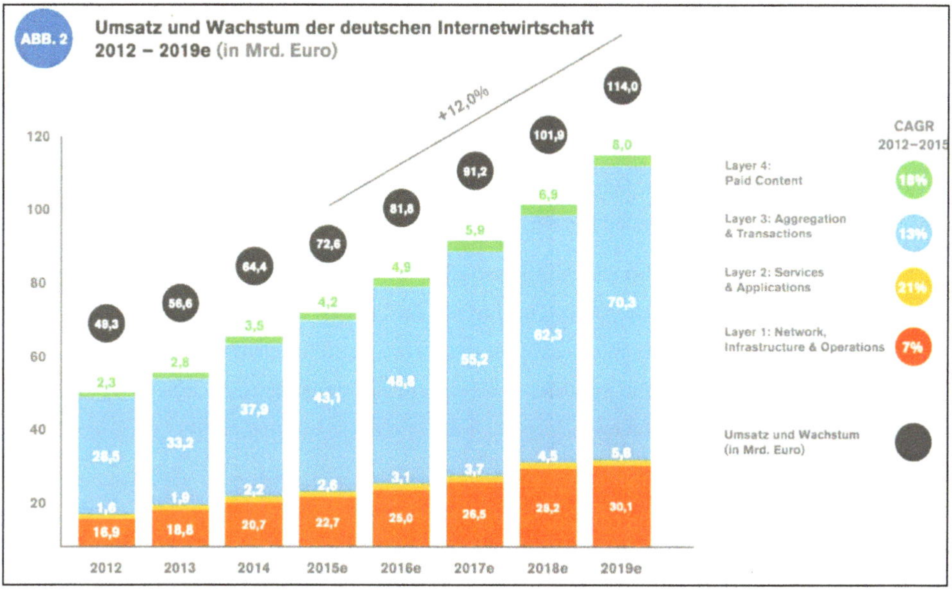

Abbildung 1: Die Entwicklung des Internethandels (Henkel, 2017, S. 1)

Hierbei ist deutlich erkennbar, dass der Umsatz vor allem von 2015 bis 2019 um ganze 12% gestiegen ist. Ergänzend zu dieser Grafik gilt es noch zu erwähnen, dass McKinsey eine Studie durchführte, welche belegt, dass im Jahr 2020 der reine Onlinehandel um 37% und der Handel über den Multi-Channel (online als auch offline) um 53% im Vergleich zum Vorjahr gestiegen ist (Periscope by McKinsey, 2020, S. 5ff.). Diesbezüglich und vor dem Hintergrund der aktuellen Covid-19 Viruspandemie ist es also umso trivialer den aktuellen Forschungsstand in Bezug auf den E-Commerce näher zu betrachten. Unter anderem hat eine Studie von KPMG ergeben das zwar künftig der Onlinehandel gegenüber dem stationären Handel eine übergeordnete Rolle spielen wird, jedoch wird es auch umso mehr zu Vertrauensverlusten und unternehmensbezogenen Digitalisierungsdruck kommen. Dies liegt daran, dass die Konsumenten nicht nur Produkte kaufen, sondern sich auch umfassend mit enormer Geschwindigkeit im Internet über Produkte und Dienstleistungen informieren. Die Folgen davon stellen für viele Unternehmen eine erhebliches Risiko dar, wenn sie keine Abhilfe beziehungsweise Lösung dafür finden (KPMG International, 2020, S. 25ff.). Auch hat eine andere Studie von accenture herausgefunden, dass auch nach der Viruspandemie ein Großteil der Konsumenten dem reinen Onlinehandel treu bleiben wird (Accenture, 2020, S. 22ff.). McKinsey hat diese Erkenntnisse sogar mit Zahlen untermauert. Laut einer aktuellen Studie werden in den nächsten ein bis zwei Jahren

20% bis 45% vollständig zum E-Commerce wechseln und dementsprechend auf den stationären Handel verzichten (McKinsey & Company, 2020, S. 10). Zusammenfassend gesagt wird der E-Commerce in den kommenden Jahren den klassischen stationären Handel verdrängen und dafür sorgen das zumindest jedes Unternehmen eine Onlinepräsenz aufzeigen muss, um am Markt bestehen zu können.

3.4. Forschungsfragestellung und Hypothesen

Resultierend aus dem aktuellen Forschungsstand gilt es also zu überprüfen, ob die Unternehmen die resultierenden Erkenntnisse aus den Studien und der Literatur bereits in der Praxis umgesetzt haben und/oder ob bestimmte Konsequenzen (wie beispielsweise ein Umsatzeinbruch) bei einer Nichtbeachtung eintreten. Angelehnt an diese Forschungsfrage ergeben sich die folgenden drei Hypothesen zur Überprüfung:

1. Die Unternehmen verkaufen über die online Absatzkanälen deutlich mehr als offline, da auch die Kunden vorrangig über die Onlinekanäle mehr Produkte oder Dienstleistungen kaufen.

Diese Hypothese ist unter anderen begründet durch die aktuelle und künftige Abwanderung der Konsumenten vom stationären Handel in den E-Commerce (Accenture, 2020, S. 22ff.; KPMG International, 2020, S. 25ff.; McKinsey & Company, 2020, S. 10).

2. Ein Großteil der Unternehmen generiert den Umsatz vorranging durch den E-Commerce, da auch die Kunden online mehr Geld ausgeben als offline.

Die Begründung dieser Hypothese lässt sich mit der Abbildung 1 als auch mit der Studie von Periscope by McKinsey herleiten. Aus diesen Literaturquellen geht deutlich hervor, warum Unternehmen nach und nach immer mehr in den Onlinehandel wechseln (Henkel, 2017, S. 1ff.; Periscope by McKinsey, 2020, S. 5ff.). Zudem erhöht man durch Investitionen in die Digitalisierung als auch in den E-Commerce den Wert des Unternehmens umsatztechnisch enorm (Fantapie Altobelli & Sander, 2018, S. 57ff.).

3. Durch die vom Konsumenten dominante Nutzung der Onlinewerbung von Unternehmen, um sich über Produkte oder Dienstleistungen zu informieren, nutzen auch die Unternehmen die Onlinekanäle um ihre Produkte oder Dienstleistungen zu bewerben.

Als vorrangige Informationsquelle nutzt die Mehrheit aller Konsumenten das Internet über die verschiedenen Onlinemedien mithilfe verschiedener Tools (Mobile Devices). Dies ging auch aus der aktuellen KPMG Studie hervor (KPMG International, 2020, S. 6ff.). Des Weiteren spielen auch die Bequemlichkeit und Zeit eine entscheidende Rolle. Durch die Möglichkeiten und

Funktionen des Internets können sich die Konsumenten zu jeder Tageszeit bequem von zu Hause aus informieren (Schuckel & Toporowski, 2007, S. 180–189; Speth, 2017, S. 371).

4. Forschungsdesign und Forschungsprozess

Um das Forschungsdesign der Studie im Überblick zu haben, sollte zunächst die folgende Abbildung genaue betrachtet werde.

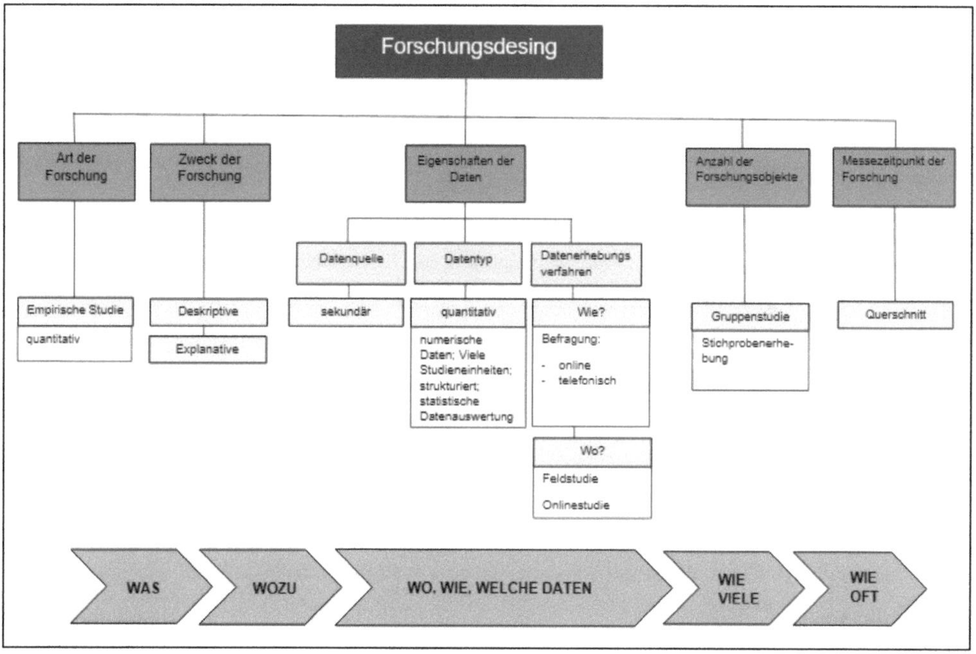

Abbildung 2: Das Forschungsdesign im Überblick (In Anlehnung an Döring et al., 2016, S. 143ff.)

Wie man anhand der Grafik erkennen kann handelt es sich bei der durchgeführten Studie um eine quantitative empirische Studie. Dies bedeutet, dass die Variabilität eines Merkmals anhand einer definierten Zuordnung von Zahlenwerten erfolgt. Mit Hilfe einer quantitativen empirischen Studie kann eine sehr große Stichprobe befragt werden und vor allem kann sie im Bereich der Hypothesentests und zur Ableitung von Handlungsempfehlungen verwendet werden (Walter, 2009, S. 7). Des Weiteren ist in der Grafik erkennbar, dass der Zweck der Forschung einerseits deskriptiv ist. Deskriptiv bedeutet das es sich um eine standardisierte Form der Markt-, Konsum- und Verhaltensforschung handelt. Sie wird auch beschreibende Statistik genannt und ist der Teilbereich der statistischen Methoden, der die Beschreibung von Gesamtheiten, besonders durch Grafiken, Tabellen sowie durch Kennwerte wie Streuungsmaße und Mittelwerte, zum Gegenstand hat (Kamps, 2018a, S. 1). Andererseits sollte an dieser Stelle auch erwähnt werden, dass die Hypothesenbildung in der hier vorliegenden Studienarbeit explanativ durchgeführt wird, da die Hypothesen aus der aktuellen Forschung abgeleitet werden (siehe 3.4.) (Pelka, 2018, S. 101ff.). Weiterhin werden für die Analyse und Auswertung der Studie sekundäre Datenquellen genutzt. Eine sekundäre Datenquellennutzung bedeutet das das Datenmaterial bereits vor der Durchführung der Studie vorhanden ist (Becker, 2021, S. 1). Prinzipiell waren bei der hier durchgeführten empirischen Untersuchung zwar alle Studenten bei der Datenerhebung der Händlerbefragung miteinbezogen, jedoch wurden die Fragebögen und die Summe aller erhobenen Daten, also auch die der Konsumentenbefragung, von einem Dozenten zur Verfügung gestellt. Als Datenerhebungsverfahren wurde einerseits eine Telefonbefragung (in Verbindung mit einem Onlinefragebogen) und andererseits eine Onlinebefragung durchgeführt beziehungsweise angeboten. Eine Onlinebefragung ist eine Befragungsart, welche die Benutzung des Internets einschließt. Eine Telefonbefragung ist eine Methode zur Datenerhebung in der Marktforschung, wobei die Teilnehmer via Telefon mündlich von einem geschulten Interviewer befragt werden (Bettermann, 2018, S. 1; Wübbenhorst, 2018b, S. 1). Diese Datenerhebungsverfahren wurden je nach Bedürfnis und Gegebenheit mit den Händlern als auch den Konsumenten online oder im freien Feld durchgeführt. Zu alledem wurde die Studie mithilfe einer Teilerhebung, auch Stichprobenerhebung genannt, erstellt und kann als Querschnittsstudie kategorisiert werden (Prinz et al., 2010, S. 1; Walter, 2009, S. 7ff.). Resultierend aus dem Forschungsdesign lässt sich nun der Forschungsprozess in 10 Stufen mithilfe der nachfolgenden Grafik veranschaulichen.

Abbildung 3: Die zehn Stufen des Forschungsprozesses (Eigene Darstellung)

Dieser Forschungsprozess ist aus der hier vorliegenden Gliederung und geplanten Umsetzung der Studienarbeit abgeleitet. Anders als beim klassischen Forschungsprozess ist hier die Datenerhebung, da diese teilweise vorab zwar durchgeführt wurde, aber die Datenauswertung erst später erfolgte. Das liegt unter anderen daran, dass die Umfragen nicht primär für das hier zu bearbeitende Thema ausgelegt ist, da die Händler- als auch die Konsumentenumfrage viel mehr Themenspektren als nur den E-Commerce beinhaltet.

5. Forschungsmethode und Stichprobenrahmen

5.1. Die Vorbereitung der Datenanalyse

Wie man in der Abbildung des Forschungsprozesses erkennen kann, ist es essentiell wichtig das Untersuchungsdesign, die Gestaltung der Testinstrumente als auch die Analyseplanung vor der eigentlichen Datenanalyse festzulegen und zu definieren. Für das Untersuchungsdesign dieser Studie ist es vor allem relevant die Stichprobengröße, das Stichprobenverfahren, die Befragungsart und den Faktor Make or Buy näher zu betrachten (Wildgrube, 2018, S. 63ff.). Eine Stichprobe im Allgemeinen ist eine Teilmenge der Grundgesamtheit. Zudem sollte eine in der Marktforschung vorkommende Stichprobe repräsentativ sein. Die Voraussetzung dafür ist das Vorhandensein von ähnlichen Strukturen zwischen der Grundgesamtheit und der Stichprobe. Diese ähnlichen Strukturen können durch eine angemessene Stichprobengröße (Anzahl der Befragten) und das ausgewählte Stichprobenverfahren gewährleistet werden (Walter, 2009, S. 11ff.). In Bezug auf die hier vorliegende Studie wurde eine bewusste Stichprobenauswahl als Verfahren ausgewählt beziehungsweise extern vorgegeben. Eine bewusste Stichprobenauswahl ist eine zusammenfassende Bezeichnung für ein nichtzufälliges systematisches Auswahlverfahren (Wübbenhorst, 2018a, S. 1). Die Befragungsart der Studie war, wie bereits erwähnt, sowohl eine Telefonumfrage als auch eine Onlineumfrage in Bezug auf die Händlerumfrage. Dafür haben alle Interviewer ein Briefing in Form einer detaillierten Vorbereitungsmail erhalten. Bei der Befragung musste dann der Interviewer Termine mit den Händlern zum Befragen festlegen, die Fragen den Händlern vorlesen und anschließend beantworten lassen oder gegebenenfalls den Umfragelink per E-Mail weiterleiten. Die Datenerhebung der Konsumentenbefragung wiederum wurde vollständig fremdvergeben. In Hinblick auf den Faktor Make or Buy bedeutet dies, dass die Umfrage der Konsumenten nicht selbst sondern fremd erhoben wurde (in diesem Fall ohne finanzielle Kosten). Nichts desto trotz werden jedoch beide Umfragen in Eigenregie analysiert und ausgewertet. Für diese Prozesse ist eine im Vorfeld Analyseplanung sehr wichtig. Mit Analyseplanung an sich ist eine konkrete Festlegung, in welcher Form die erhobenen Daten ausgewertet werden sollen, gemeint (Eichler & Vogel, 2009, S. 1–20). Hierfür ist eine vorher durchgeführte Gestaltung der Erhebungsinstrumente erforderlich. Die Erhebungsinstrumente dieser Studienarbeit sind in Form der Hypothesen gestaltet und aufgeführt. Diese werden im nachfolgenden Kapitel auch noch detaillierter erläutert. Vorab gilt es also nur schon mal zu erwähnen, dass die Hypothesen mithilfe von Häufigkeitstabellen und deskriptiven Statistiken untersucht werden sollen. „Unter deskriptiver Statistik werden statistische Methoden zur Beschreibung und Auswertung von Daten zusammengefasst. Dies kann in Form von Graphiken und Tabellen geschehen, durch die Errechnung von einfachen Parametern wie dem Mittelwert sowie durch die Berechnung komplexerer Parameter wie der Streuung, der Standardabweichung oder des Korrelationskoeffizienten.“ (Statista Inc., 2020, S. 1). Mit den Häufigkeitstabellen wiederum ist in der Statistik eine meist tabellarische Darstellung einer Häufigkeitsverteilung gemeint, welche unter Umständen aber auch in grafischer Form umzusetzen geht (Kamps, 2018b, S. 1).

5.2. Die Demografie der Studie

In der hier vorliegenden Marktforschungsstudienarbeit wurde eine Händler- und eine Konsumentenumfrage durchgeführt. Diese Umfragen beziehen sich beide ausschließlich auf das Einkaufsverhalten der Gemeinde Ismaning im Bundesland Bayern (Deutschland). Ismaning hat 17841 Einwohner und ist im Landkreis München bevölkerungsmäßig an siebenter Stelle (Gemeinde Ismaning, 2021, S. 1). In den Umfragen wurden 586 Konsumenten und 76 Händler befragt, weshalb man an dieser Stelle schon erwähnen kann, dass die Stichprobe im Vergleich zur Grundgesamtheit repräsentativ ist (Qualtrics, 2021, S. 1). Weiterhin wurden in der Konsumentenumfrage 59,9% Frauen und 39,9% Männer sowie eine diverse Person befragt. 76,8% dieser befragten Konsumenten sind zudem keine Alleinverdiener und sind im Großen und Ganzen finanziell gut aufgestellt. Unter anderem haben 56,1% der Unternehmen angegeben, dass sie gut versorgt sind und sich einiges leisten können. Des Weiteren ist über die Hälfte der Befragten voll berufstätig, wobei 69,8% nicht in Ismaning arbeiten und das, obwohl ihr Wohnsitz in der Gemeinde ist. Das Alter der Konsumenten ist zwischen 18 und 85 mit einem Mittelwert von 47. In der Händlerumfrage wurden Unternehmen befragt, welche seit einem Jahr bis hin zu 50 Jahren in Ismaning existieren. Die überwiegend dominant vertretende Branche ist die Branche der Nahrungs- und Genussmittel. Durchschnittlich sind die Unternehmen seit 12,53 Jahren in Ismaning auf dem Markt vertreten. Von diesen Unternehmen generieren 28,9% einen Umsatz von bis zu 50000 Euro, 22,4% einen Umsatz von 100000 Euro bis 500000 Euro und 13,2%

einen Umsatz von 500000 Euro bis 1000000 Euro. Zudem beschäftigen 43,4% der Unternehmen nur einen bis maximal fünf Mitarbeiter und 22,4% der Unternehmen gar keinen einzigen Mitarbeiter. Es handelt sich also nach § 267 Abs. 5 HGB nur um kleine Kapitalgesellschaften (Bundesministerium für Justiz und Verbraucherschutz, 2021, S. 1). Zu alledem spielt auch die Covid-19 Viruspandemie in der Demografie der Händler aus Ismaning eine wichtige Rolle, da die Umfrage während der Viruskrise erhoben wurde. 56,6% (kumulierte Prozentangabe) aller Unternehmen sind von den negativen Folgen der Pandemie betroffen und 22,4% geben an, dass sie durch Corona einen positiven Aufschwung erlebten (die restlichen 21,1% machten keine Angabe).

Anmerkung: Alle statistischen Belege der Demografie sind im Anhang aufgeführt.

6. Analyse und Ergebnisse

In diesem Kapitel der Studienarbeit geht es um die Datenanalyse mit einer einbezogenen Ergebnispräsentation. Dabei werden die festgelegten Hypothesen mithilfe der zwei Umfragen untersucht und auf Aussagekräftigkeit überprüft.

6.1. Statistische Datenauswertung der Hypothese 1

Bei dieser Hypothese geht es darum, dass die Unternehmen über die Onlineabsatzkanäle deutlich mehr Produkte oder Dienstleistungen als offline verkaufen, da auch die Kunden vorrangig über die Onlinekanäle Produkte oder Dienstleistungen kaufen. Für die Überprüfung dieser Hypothesen werden zwei Items zur Analyse genutzt. Aus der Händlerbefragung wird dafür die Frage, „Welche Vertriebskanäle nutzen Sie aktuell, um Ihre Produkte oder Dienstleistungen zu verkaufen?" genutzt. Dieses Item erfasst sieben Kategorien mithilfe einer fünfstelligen Likert Skala und ermittelt somit den dominanten Absatzkanal im Hinblick auf online versus offline. Eine fünfstufige Likert Skala ist eine bipolare Zustimmungs- bis Ablehnungsskala die meist bezeichnet wird mit „trifft voll und ganz zu", „trifft zu", „teils/teils", „trifft nicht zu" beziehungsweise „trifft überhaupt nicht zu". Die Antwortkategorien werden codiert von 1 bis 5 oder von -2 bis +2 (Borg & Stieglitz, 2019, S. 1). Generell wird für die Untersuchung dieses Item beziehungsweise dieser Variable eine Häufigkeitstabelle, welche die Mittelwerte und die Mediane berechnet, angewandt. Danach muss man dann die Antwortkategorien in Online- und Offlinekategorien clustern sowie zusammenführen. Detaillierter erläutert bedeutet das man die Mittelwerte oder Mediane der Online- oder Offlineantwortmöglichkeiten zusammenrechnet und durch die Anzahl der entsprechenden Kategorien dividiert. In Bezug auf das untersuchte

Item ergibt sich also ein Mittelwert von 1,9 und ein Median von 1,1 für den online Absatzkanal, über welchen die Unternehmen verkaufen. Für den Offlineabsatzkanal ergibt sich wiederum ein Mittelwert von 2,4 und ein Median von 1,5. Es lässt sich also festhalten das offline mehr verkauft wird als online, da der zusammengerechnete stationäre Mittelwert und Median größer ist als der des E-Commerce. Für die Gegenüberstellung, um die Hypothese beantworten zu können wird nun die zweite Variable aus der Konsumentenbefragung zugezogen. Diese Frage, „Welche der folgenden Kanäle benutzen sie bevorzugt, wenn Sie Produkte kaufen?", besteht aus sechs Antwortkategorien, welche ebenfalls eine fünfstufige Likert Skala zum Antworten besitzen. Die Berechnung beziehungsweise Analyse des Items wird dabei exakt wie bei der Frage aus der Konsumentenbefragung durchgeführt, indem die Variable erst geclustert wird und dann ein Durchschnitt gezogen wird. Es ergibt sich somit ein Mittelwert von 2,8 sowie ein Median von 2,8 für den Onlinekanal, über welchen die Konsumenten Produkte beziehungsweise Dienstleistungen kaufen. Anders als bei der zuletzt untersuchten Variable wird das offline Geschäft mit nur einer Antwortmöglichkeit untersucht. Es muss also nicht mit anderen Kategorien zusammengeführt werden. Für den Offlinekanal, über welchen die Konsumenten kaufen, ergibt sich also ein Mittelwert von 3,76 und ein Median 4,0 von. Resultierend aus dem zusammengerechneten Mittelwert und Median, lässt sich festhalten, dass auch hier die Kunden eher offline Produkte kaufen anstatt online. Um diese Gegenüberstellung grafisch zu untermauern werden in der folgenden Grafik die zwei Untersuchten Variablen durch zwei Balkendiagramme abgebildet.

Abbildung 4: Hypothese 1 – Der Onlineverkauf (eigene Darstellung)

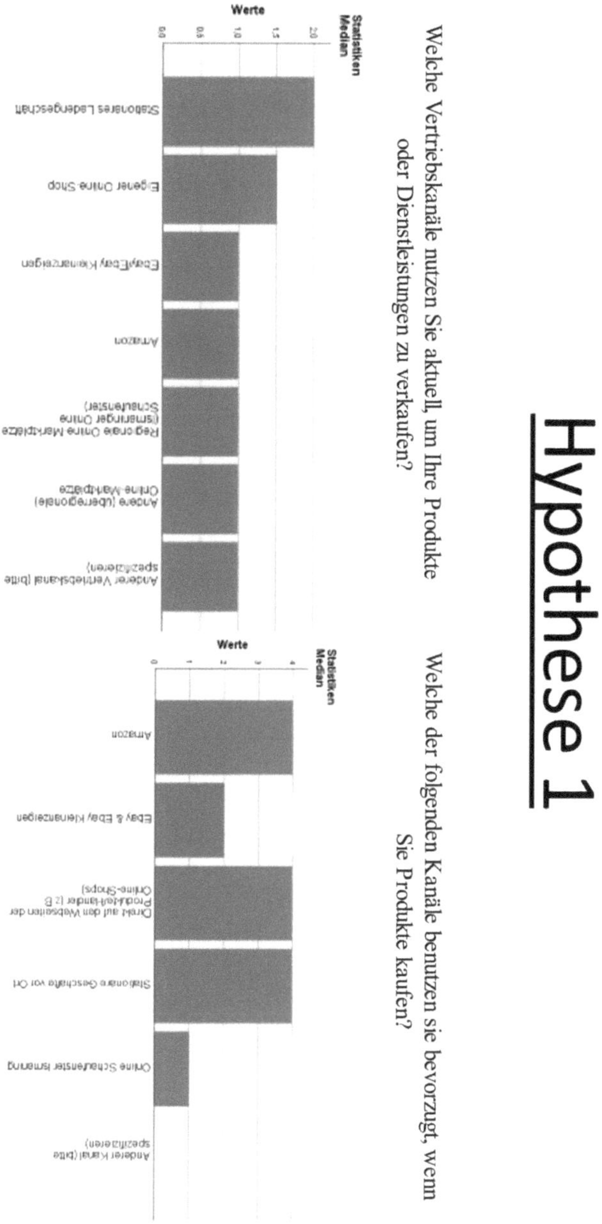

6.2. Statistische Datenauswertung der Hypothese 2

Die in der Theorie begründete Hypothese zwei besagt, dass ein Großteil der Unternehmen den Umsatz vorranging durch den E-Commerce generieren, da auch die Kunden online mehr Geld ausgeben als offline. Für die Untersuchung dieser Hypothese wird wieder je ein Item aus den Umfragen herangezogen und gegenübergestellt. Aus der Händlerbefragung wird dafür die Frage, „Wie verteilt sich der Umsatz ihres Geschäftes auf die folgenden Kanäle (online versus offline)?" genutzt. Diese Variable ermöglicht eine Angabe über die Umsatzverteilung in Prozent von 0-100, zwischen den Online- und Offlineumsatzeinnahmen der Unternehmen. Es handelt sich also um eine sogenannte endpunktbenannte Skala, wobei eben der Startpunkt bei 0 losgeht und bei 100 aufhört (Porst, 2009, S. 69–94). Als Datenanalysemethode wird hierfür die deskriptive Statistik genutzt. Diese ermittelt den Mittelwert zwischen den Angaben des online und offline generierten Umsatzes der Unternehmen. Dabei stellte sich heraus das die Unternehmen mehr Umsatz durch das offline Geschäft (Mittelwert 60,75) als durch das Onlinegeschäft (Mittelwert 23,46) erhalten. Die zweite Frage, welche für die Hypothesenüberprüfung betrachtet werden muss, ist genau wie die Variable aus der Händlerbefragung skaliert. „Wieviel Prozent der gesamten Ausgaben für Produkte haben Sie im letzten Monat in Geschäften und wieviel in Onlineshops ausgegeben?" lautet also die Frage, welche ebenfalls durch die deskriptive Statistik beantwortet werden soll. Dabei stellt sich heraus, dass die Konsumenten im stationären Handel mehr Geld ausgeben (Mittelwert 59,37) als im E-Commerce (Mittelwert 38,41). Um auch diese Statistik grafisch zu belegen, folgt die statistische Gegenüberstellung der beiden Variablen, in der nachfolgenden Abbildung.

Abbildung 5: Hypothese 2 – Die Umsatz-Ausgaben-Verteilung (Eigene Darstellung)

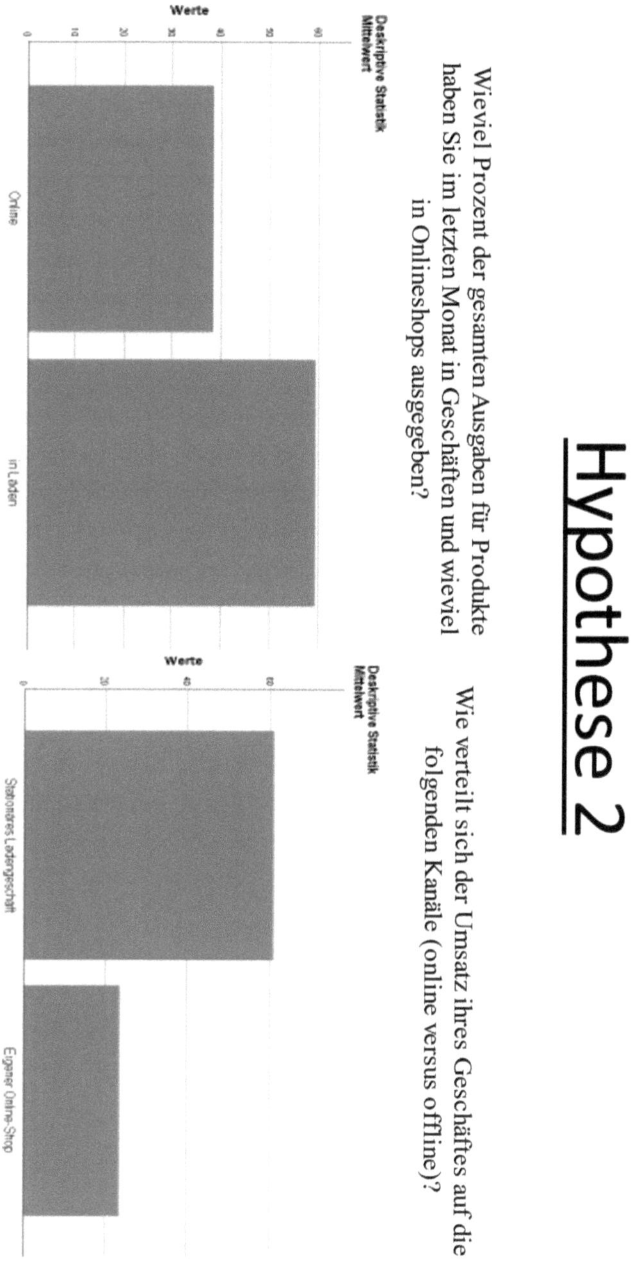

6.3. Statistische Datenauswertung der Hypothese 3

Die dritte und letzte Hypothese dieser Studienarbeit besagt, dass durch die vom Konsumenten dominante Nutzung der Onlinewerbung von Unternehmen, um sich über Produkte oder Dienstleistungen zu informieren, auch die Unternehmen die Onlinekanäle, um ihre Produkte oder Dienstleistungen zu bewerben, nutzen. Die Datenanalyse dieser Hypothese erfolgt ebenfalls, wie bei den vorigen zwei Hypothesen, durch eine Gegenüberstellung zweier Variablen. „Welche der folgenden Kanäle/Maßnahmen nutzen Sie für Marketing und Kommunikation mit Ihren Kund*innen?“ ist die Frage aus der Händlerbefragung, welche zunächst untersucht werden muss. Dabei gibt es 16 Antwortmöglichkeiten, welche wieder durch eine fünfstufige Likert Skala ausgezeichnet sind. Die Analyse an sich wird exakt genauso wie bei der ersten Hypothese angewendet, indem die Mittelwerte und Mediane der Antwortkategorien in online versus offline zusammengeführt und geclustert werden. Laut dieser Analyse ist der durchschnittliche Mittelwert bei 2,4 und der Median bei 2,0 in Bezug auf die online Marketingmaßnahmen. Der zusammengeführte Mittelwert und Median für die Offlinemarketingmaßnahmen liegt wiederum bei 1,73 und 1,1, was die Aussage zulässt, dass die Unternehmen mehr Onlinewerbung betreiben als über die stationären Marketingmöglichkeiten. Die zweite Frage die zur Hypothesenanalyse in Betracht gezogen werden muss, ist ebenfalls identisch skaliert und unterscheidet sich nur in der Formulierung und Anzahl der Antwortmöglichkeiten (14 Stück). Die Frage, „Welche der folgenden Kanäle benutzen Sie bevorzugt, wenn Sie sich über ein Produkt informieren wollen?“, wird also wieder über die Häufigkeitstabelle analysiert und ausgewertet. Das Ergebnis in diesen Fall ist, dass sich die Kunden eher online über Produkte oder Dienstleistungen informieren (Mittelwert 2,8 und Median 2,6) anstatt offline Informationen einzuholen (Mittelwert 2,6 und Median 2,4). Grafisch wird dies auch in der nachfolgenden Abbildung ersichtlichen.

Abbildung 6: Hypothese 3 – Marketing & Kundeninformationssuche (Eigene Darstellung)

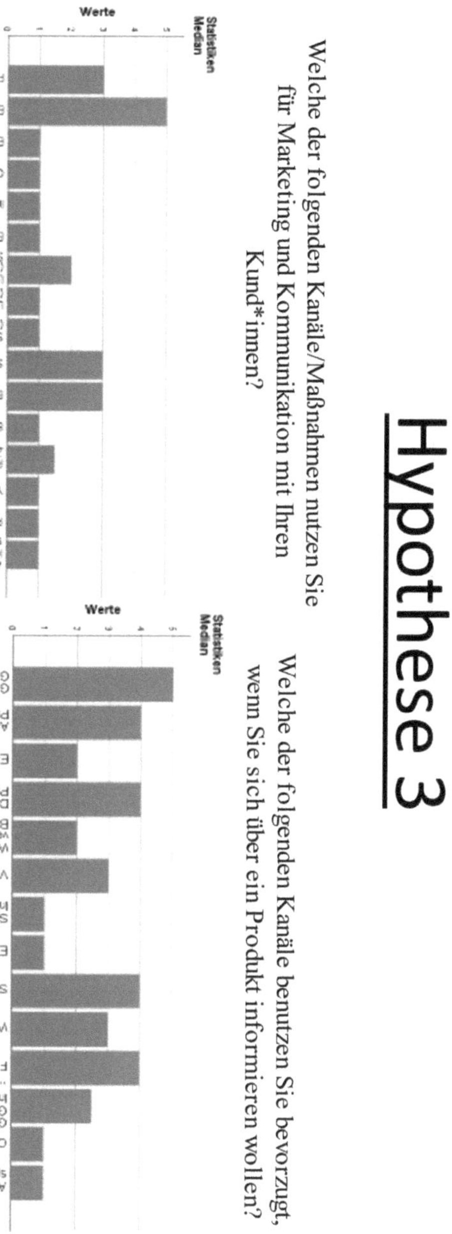

7. Diskussion

In diesem letzten Abschnitt der Arbeit geht es um die Auswertung der erhobenen Daten in Bezug zu den aus der Theorie abgeleiteten Hypothesen. Abgerundet wird diese Interpretation dann mit einer Implikation der Ergebnisse und einen Ausblick im Hinblick auf die künftige Forschung.

7.1. Interpretation der Ergebnisse

Allgemein sollte an dieser Stelle erwähnt werden, dass die ersten zwei Hypothesen aus Sicht der Statistik verworfen werden können. Laut der statistischen Analyse kaufen die Kunden vorrangig im stationären Handel ihre Produkte und Dienstleistungen ein und eben nicht online, wie es aus der Theorie deutlich hervorgeht. Dies spiegelt sich auch nicht nur im Kauf, sondern auch im Umsatz der Unternehmen als auch im Ausgabeverhältnis der Konsumenten wider. Anders ist das Verhältnis der dritten Hypothese zu betrachten. Laut der erhobenen Statistik informieren sich die Konsumenten größtenteils über die Onlinemarketingkanäle und auch die Unternehmen legen ihren Marketingfokus fokussiert auf dem Onlinebereich. Die Hypothese das durch die vom Konsumenten dominante Nutzung der Onlinewerbung von Unternehmen, um sich über Produkte oder Dienstleistungen zu informieren, auch die Unternehmen die Onlinekanäle, um ihre Produkte oder Dienstleistungen zu bewerben, nutzen, kann somit aus Sicht der Häufigkeitsverteilung bestätigt werden. In Bezug auf die Forschungsfrage, also das die Unternehmen gerade in der aktuellen Covid-19 Viruspandemie die Chance nutzen und mehr auf den E-Commerce als auf den stationären Handel bauen, muss man an dieser Stelle festhalten das sich dies in der Praxis nur gering widerspiegelt. Begründet könnte dies unter anderen sein durch die Planung des Marketings. Die befragten Unternehmen aus der Studie führen zu 75% alle Marketingmaßnahmen selbst durch, wobei nur 47,4% einen eigenen Onlineshop besitzen. Dies könnte auch insofern interpretiert werden das die Händler zwar den Marketingfokus online forcieren, jedoch die Kaufmöglichkeit nur offline gegeben ist. Andererseits wird in dieser Studienarbeit auch der Aspekt des Click & Collect beziehungsweise der Multi-Channel-Unternehmen vernachlässigt. Von einem Multi-Channel-Unternehmen spricht man wenn sich ein Unternehmen nicht auf den Einsatz eines Vertriebskanals und/oder eine Art von Absatzkanal beschränkt, sondern zeitgleich verschiedene Kanäle und/oder Absatzmittler und -helfer einbinden (Kreutzer, 2017, S. 215). Dieses Thema wird auch in der hier vorliegenden Konsumentenumfrage aufgegriffen, wobei sich sowohl bei der Onlineinformationssuche mit Onlinekaufabsicht als auch bei der Onlineinformationssuche mit Offlinekaufabsicht herausstellt, dass dieses Thema für den

Konsumenten wichtig ist. Zu alledem ist es auch relevant die Statistik an sich zu hinterfragen. Für die Analyse wurde zum einen zwei Umfragen miteinander verglichen, welche keine Zusammenhänge habe müssen. Begründet ist das unter anderen durch die unterschiedlichen Umfrageteilnehmer, da es sich bei der Händlerbefragung um andere befragte Personen handelt als bei der Konsumentenbefragung. Es ist also keine Korrelation oder ähnliches durchführbar. Weiterhin werden für die Analyse nur eine Häufigkeitsverteilung und deskriptive Statistik herangezogen. Diese Verfahren sind zwar statistisch gesehen die einzigen die auf diese Hypothesen anwendbar sind, jedoch bei weitem nicht so aussagekräftig und signifikant wie beispielsweise eine Korrelation oder Regression (Kluge, 2019, S. 1). Alles im allem handelt es sich bei der Statistik also um eine deutlich weniger aussagekräftige Studie als die der Theorie und aktuellen Forschung, welche zum Aufstellen der Hypothese genutzt wurde.

7.2. Implikation der Ergebnisse und mögliche Problemlösung

Trotzdem die Studie also mit heißen Nadeln gestrickt ist, kann man aus den Ergebnissen der Arbeit einen gewissen Teil in die Praxis übertragen und möglichweise auch als Problemlösung einsetzen. Vor allem dadurch das die dritte Hypothese belegt werden konnte, kann man zumindest schon mal die Aussage ableiten, dass man aus unternehmerischer Sicht einen Fokus auf das Onlinemarketing setzten sollte. Dies machen auch in Bezug auf die Studie eine Vielzahl der befragten Unternehmen. Wenn also ein Unternehmen keine Kunden mit dem angebotenen Marketing generiert, weil es beispielsweise den Fokus auf die Offlinemarketingaktivitäten legt, ist es essentiell wichtig auf die Onlinekommunikation zu achten und diese bestmöglichst umzusetzen. Dahingehend dient diese Studienarbeit also auch als mögliche umsetzbare Problemlösung.

7.3. Limitationen und zukünftige Forschungen

Diese Studienarbeit und die damit zusammenhängenden Ergebnisse dienen jedoch nicht nur als Lösung für Probleme in der Praxis. Vielmehr kann diese Arbeit auch als Appell für die künftige Forschung gesehen werden. Auch wenn die Statistik nicht so aussagekräftig wie andere Analysearten ist, zeigt sie jedoch das der Fokus in der Marktforschung nicht ausschließlich nur auf die Onlinebereiche gerichtet werden sollte. Eher sollte sich die künftige Forschung auf die Multi-Channel-Unternehmen beziehungsweise auf den Mix aus online und offline beziehen. Dies belegte unter anderen auch eine aktuelle Studie zum Thema Click & Collect in Einbezug des dahinterstehenden aktuellen Trends (Hohmann, 2020, S. 1). Dieses Thema des Multi-Channel-Vertriebs gibt es auch nicht erst seit gestern. Schon vor acht Jahren erkannte man, dass das gemischte Geschäft aus Online- und Offlineaktivitäten in der Zukunft Bestand haben wird. Im Jahr 2013 ging nämlich schon davon aus, dass 88 Prozent der Verbraucher Click & Collect in Zukunft weiter an Bedeutung gewinnen wird (Günther, 2013, S. 1). Es gilt daher kritisch zu überprüfen und zu hinterfragen, ob der reine Onlinehandel auch nach der Pandemie immer noch so boomt wie er es derzeit tut sowie wären aktuelle Studien zu diesen Multi-Chanel-Unternehmen ein neuer und höchstwahrscheinlich auch erfolgsversprechender Forschungsbereich, welcher künftig mehr fokussiert als auch untersucht werden sollte.

8. Anhang

Die Händlerbefragung:

Die Händlerbefragung ist bei Verwendung des folgenden Links kostenlos downloadbar:

https://drive.google.com/file/d/1cmFnsFGBMhF_VqbpcLxRq1hyN3AwwlOi/view?usp=sha-
ring

Die Konsumentenbefragung:

Die Konsumentenbefragung ist bei Verwendung des folgenden Links kostenlos downloadbar:

https://drive.google.com/file/d/1jCd33WtyITbYpkF_8t2NxwQFYaRrDZua/view?usp=sha-
ring

Die Repräsentativität der Konsumentenbefragung:

Die Repräsentativität der Konsumentenbefragung ist bei Verwendung des folgenden Links kostenlos downloadbar:

https://drive.google.com/file/d/1GRzr-zpiTjJJ_-GrHtIxJ7N3T7iRyb2_/view?usp=sharing

9. Literaturverzeichnis

Accenture (2020). Debunking 5 consumer myths in the era of COVID-19: Actions consumer packaged goods companies should take to emerge stronger. https://www.accenture.com/_acnmedia/PDF-137/Accenture-Debunking-Consumer-Myths-COVID.pdf

Becker, F. (2021). *6. Primärdaten, Sekundärdaten und Meta-Analyse als Datenquelle in der Marktforschung – WPGS*. https://wpgs.de/fachtexte/forschungsprozess/6-primaerdaten-sekundaerdaten-und-meta-analyse-als-datenquelle-in-der-marktforschung/

Bettermann, J. (2018). *Telefonbefragung | Vor- und Nachteile der Marktforschungmethode*. https://www.marketinginstitut.biz/blog/telefonbefragung/

Bettina Beutler. (2018). *Was bedeutet DSGVO? – Das solltest Du über die neue Datenschutz-Grundverordnung wissen | Trusted Shops*. https://www.trustedshops.de/blog/was-bedeutet-dsgvo-das-solltest-du-ueber-die-neue-datenschutz-grundverordnung-wissen/

Borg, I. & Stieglitz, R.-D. (2019). *Ratingskala im Dorsch Lexikon der Psychologie*. https://dorsch.hogrefe.com/stichwort/ratingskala

Bundesministerium für Justiz und Verbraucherschutz. (2021). *§ 267 HGB - Einzelnorm*. https://www.gesetze-im-internet.de/hgb/__267.html

Dach, C. (2002). *Internet Shopping versus stationärer Handel: Zum Einkaufsstättenwahlverhalten von Online-Shoppern*. Zugl.: Köln, Univ., Diss., 2002. *Schriften zur Handelsforschung: Bd. 98*. Kohlhammer.

Deuringer, C. (2000). *Organisation und Change Management: Ein ganzheitlicher Strukturansatz zur Förderung organisatorischer Flexibilität. Internationalisierung und Management*. Deutscher Universitätsverlag. https://doi.org/10.1007/978-3-322-81381-7

Döring, N., Bortz, J. & Pöschl, S. (2016). *Forschungsmethoden und Evaluation in den Sozial- und Humanwissenschaften* (5. Aufl.). *Springer-Lehrbuch*. Springer. https://doi.org/10.1007/978-3-642-41089-5

Egeli. (2016). *Erfolgsfaktoren von Mobile Business: Ein Reifegradmodell zur digitalen Transformation von Unternehmen durch Mobile IT. BestMasters*. Springer Fachmedien Wiesbaden. http://search.ebscohost.com/login.aspx?direct=true&scope=site&db=nlebk&AN=1177357

Eichler, A. & Vogel, M. (2009). *Leitidee Daten und Zufall: Von konkreten Beispielen zur Didaktik der Stochastik* (1. Aufl.). Vieweg+Teubner Verlag / GWV Fachverlage GmbH, Wiesbaden. https://doi.org/10.1007/978-3-8348-9996-5

Fantapie Altobelli, C. & Sander, M. (2018). *Internet-Branding: Marketing und Markenführung im Internet. Forum Marketing und Management: Bd. 3.* De Gruyter Oldenbourg. https://doi.org/10.1515/9783110503968

Frischmuth, J., Karrlein, W. & Knop, J. (2001). *Strategien und Prozesse für neue Geschäftsmodelle: Praxisleitfaden für E- und Mobile Business.* Springer Berlin Heidelberg. https://doi.org/10.1007/978-3-642-56588-5

Gaxsys GmbH (16. Mai 2019). Point of Sale / stationärer Handel – Definition. *Dr. Thomas + Partner GmbH & Co. KG.* https://logistikknowhow.com/e-commerce/point-of-sale-und-stationaerer-handel-definition/

Gemeinde Ismaning. (2021). *Gemeinde & Rathhaus | Gemeinde Ismaning.* https://ismaning.de/gemeinde-rathaus/gemeinde-in-zahlen/

Günther, A. (2013). *Click & Collect als Zukunft des Handels? Multichannel bleibt großes Thema.* https://www.onlinehaendler-news.de/online-handel/1327-click-collect-als-zukunft-des-handels-multichannel-bleibt-grosses-thema

Henkel, M. (2017). *Onlinehandel 2017: der stationäre Handel ist nicht tot.* https://www.techtag.de/digitalisierung/omnichannel/onlinehandel-2017-der-stationaere-handel-ist-nicht-tot/

Hohmann, M. (2020). *Corona: Nutzung von Click-& Collect-Services 2020 | Statista.* https://de.statista.com/statistik/daten/studie/1182673/umfrage/umfrage-zur-nutzung-von-click-und-collect-services-nach-produkt-in-corona-krise/

Kamps, U. (2018a). Definition: deskriptive Statistik. *Springer Fachmedien Wiesbaden GmbH.* https://wirtschaftslexikon.gabler.de/definition/deskriptive-statistik-31622/version-255175

Kamps, U. (2018b). Definition: Häufigkeitstabelle. *Springer Fachmedien Wiesbaden GmbH.* https://wirtschaftslexikon.gabler.de/definition/haeufigkeitstabelle-32390

Kirn, A. (2002). *E-Business im Mittelstand: Analysen, Trends, Ausblicke.* Noveonpubl.

Kluge, C. (2019). *Explorative Analyse und Deskriptive Statistiken - fu:stat thesis - Wikis der Freien Universität Berlin.* https://wikis.fu-berlin.de/display/fustat/Explorative+Analyse+und+Deskriptive+Statistiken

Knoppe, M. & Wild, M. (Hg.). (2018). *Digitalisierung im Handel: Geschäftsmodelle, Trends und Best Practice*. Springer Gabler. https://doi.org/10.1007/978-3-662-55257-5

Kollmann, T. (2019). *E-Business: Grundlagen Elektronischer Geschäftsprozesse in der Digitalen Wirtschaft* (7th ed.). Springer Gabler. in Springer Fachmedien Wiesbaden GmbH.

KPMG International (2020). Responding to consumer trends in the new reality: COVID-19 pulse survey November 2020. https://assets.kpmg/content/dam/kpmg/xx/pdf/2020/11/consumers-new-reality.pdf

Kreutzer, R. T. (2017). *Praxisorientiertes Marketing: Grundlagen - Instrumente - Fallbeispiele* (5. Aufl.). *Lehrbuch*. Springer Gabler. https://doi.org/10.1007/978-3-658-09473-7

Landeka, D. (2002). *Optimierung des Beschaffungsprozesses durch E-Procurement*. Zugl.: Darmstadt, Fachhochschule, Diplom, 2001. *Studien 2001*. Diplomica Verlag. http://www.diplomica-verlag.de/

Mattmüller, R. (2010). *Versandhandelsmarketing: Marketingorientiertes Management einer Wachstumsbranche* (2. Aufl.). *Praxis im Handel*. Deutscher Fachverlag GmbH. https://www.wiso-net.de/document/DFVE,ADFV__9783866411760688

McKinsey & Company. (2020). *Consumer insights from Germany: Results from consumer survey April 30–May 03, 2020*. https://www.mckinsey.de/~/media/McKinsey/Locations/Europe%20and%20Middle%20East/Deutschland/News/Presse/2020/2020-05-07%20Consumer%20Sentiment%20Wave%205/200505_Consumer_Sentiment_Survey_Wave5_Germany.ashx

Nüttgens, M. & Scheer, A.-W. (1999). *Electronic Business Engineering: 4.Internationale Tagung Wirtschaftsinformatik 1999*. Physica-Verlag HD. https://doi.org/10.1007/978-3-642-58663-7

Opuchlik, A. (2005). *E-commerce-Strategie: Entwicklung und Einführung* (1. Aufl.). Books on Demand GmbH.

Pelka, A. (2018). *Die ermittlung von kundenanforderungen und ihre transformation in technologische ... produktinnovationen in der frhen phase der automob* [Dissertation, Leibniz Universität Hannover; Springer Fachmedien Wiesbaden GmbH, [Place of publication not identified]]. WorldCat.

Periscope by McKinsey (2020). 2020 Holiday Season: Navigating shopper behaviors in the pandemic.

https://www.mckinsey.com/~/media/McKinsey/Business%20Functions/Marketing%20and%20Sales/Periscope/Insights/Survey%20Reports/2020%20Holiday%20Season%20Navigating%20shopper%20behaviors%20in%20the%20pandemic/Periscope-2020-Holiday-Season-Navigating-shopper-behaviors-in-the-pandemic.pdf?shouldIndex=false

Peters, R. (2010). *Internet-Ökonomie. Springer-Lehrbuch*. Springer-Verlag Berlin Heidelberg. http://site.ebrary.com/lib/alltitles/docDetail.action?docID=10397034 https://doi.org/10.1007/978-3-642-10652-1

Porst, R. (2009). *Fragebogen: Ein Arbeitsbuch* (2. Aufl.). *Studienskripten zur Soziologie*. VS Verlag für Sozialwissenschaften / GWV Fachverlage GmbH, Wiesbaden. https://doi.org/10.1007/978-3-531-91840-2

Prinz, D., Antwerpes, F. & Westphalen, G. G. von. (2010). *Querschnittsstudie - DocCheck Flexikon*. DocCheck Medical Services GmbH. https://flexikon.doccheck.com/de/Querschnittsstudie

Qualtrics. (2021). *Stichprobenrechner (Sample Size Calculator) I Qualtrics*. https://www.qualtrics.com/de/erlebnismanagement/marktforschung/stichprobenrechner/

Schuckel, M. & Toporowski, W. (2007). *Theoretische Fundierung und praktische Relevanz der Handelsforschung* (1. Aufl.). DUV Deutscher Universitäts-Verlag. http://gbv.eblib.com/patron/FullRecord.aspx?p=751387

Speth, H. (Hg.). (2017). *Wirtschaftswissenschaftliche Bücherei für Schule und Praxis. Betriebswirtschaft mit Rechnungswesen/Controlling: Für das Fachgymnasium Wirtschaft* (7. Aufl.). Merkur Verlag.

Statista Inc. (2020). *Deskriptive Statistik - Statista Definition*. https://de.statista.com/statistik/lexikon/definition/49/deskriptive_statistik/

Ternès, A., Towers, I. & Jerusel, M. (2015). *Konsumentenverhalten im Zeitalter der Digitalisierung: Trends ; E-Commerce, M-Commerce und Connected Retail. Essentials*. Springer Gabler. https://doi.org/10.1007/978-3-658-09400-3

Thommen, J.-P., Achleitner, A.-K., Gilbert, D. U., Hachmeister, D. & Kaiser, G. (2017). *Allgemeine Betriebswirtschaftslehre* (8. Aufl.). *Lehrbuch*. Springer Gabler.

Walter, A. (2009). *Methodik der empirischen Forschung* (S. Albers, D. Klapper, U. Konradt & J. Wolf, Hg.) (3., überarbeitete und erweiterte Auflage). Gabler Verlag. https://doi.org/10.1007/978-3-322-96406-9

Wannenwetsch, H. H. & Nicolai, S. (Hg.). (2004). *E-Supply-Chain-Management: Grundlagen -- Strategien -- Praxisanwendungen* (2., überarbeitete und erweiterte Auflage). Gabler Verlag. https://doi.org/10.1007/978-3-322-82873-6

Wien, A. (2008). *Internetrecht: Eine praxisorientierte Einführung*. Betriebswirtschaftlicher Verlag Dr. Th. Gabler / GWV Fachverlage GmbH Wiesbaden. https://doi.org/10.1007/978-3-8349-9658-9

Wildgrube, M. (2018). *Kompetenzen in der Beschaffung: Kompetenzmanagement für den Beschaffungsbereich eines Automobilunternehmens* (1. Aufl.). *AutoUni - Schriftenreihe: v.110*. Springer Fachmedien Wiesbaden. https://ebookcentral.proquest.com/lib/gbv/detail.action?docID=5219509

Wübbenhorst, K. (2018a). Definition: bewusste Auswahl. *Springer Fachmedien Wiesbaden GmbH*. https://wirtschaftslexikon.gabler.de/definition/bewusste-auswahl-28089/version-251726

Wübbenhorst, K. (2018b). Definition: Onlinebefragung. *Springer Fachmedien Wiesbaden GmbH*. https://wirtschaftslexikon.gabler.de/definition/onlinebefragung-51484/version-274646